La gran cabeza de Juan

APULEYO EDICIONES   FOMENTO DE VALORES   CUENTOS ILUSTRADOS

A través de Juan veremos cómo las cosas del día a día, como hacer tareas y ver películas, pueden hacernos sentir muchas emociones; no siempre agradables. Si no hablamos de lo que sentimos y nos guardamos todo adentro, esos sentimientos encerrados pueden darnos problemas muy grandes.

En la clase de Juan, la profesora Pilar
había puesto muchos deberes:

Todos se quejaron, menos Juan,
que estaba ENFADADO, pero él nunca se queja.
Eso sí, lo ha pensado
y el pensamiento se lo ha tragado.

En el patio, Adrián está pegando balonazos a todos
los que no saben jugar bien al fútbol. A todos los
que ha pegado se han quejado. Juan juega fatal,
se ha llevado el balonazo más duro jamás dado
¡y encima con el balón mojado!

Igualmente, Juan, DOLORIDO,
no se ha quejado. Eso sí, lo ha pensado,
ese pensamiento se lo ha tragado
y, de repente, la cabeza se le ha agrandado.

Empieza el fin de semana. Papá ha preparado
manzana asada para merendar y ha dejado
una sin asar. A Ana, su hermana, le encanta,
a mamá le gusta sin asar, fresca y lavada,
a Juan directamente no le gusta la manzana.

Igualmente, Juan, ASQUEADO, se la ha comido
y no se ha quejado. Eso sí, lo ha pensado,
ese pensamiento de su boca no ha salido
y un poquito más la cabeza le ha crecido.

El sábado después de comer, en casa de los abuelos,
el abuelo Luís se ha quedado dormido viendo la película de vaqueros.
A ninguno le gusta la peli de vaqueros, a ninguno salvo a Juan,
pero como nadie lo sabe, su abuela, fanática de las pelis de miedo,
decidió poner... ¡la más aterradora del mundo entero!

A Juan no le gustaba, estaba ATERRADO.
No había donde esconderse en toda la casa.
La abuela siempre pone la televisión muy alta.
Juan pensó en gritar y quejarse, pero no lo hizo
y cuantos más pensamientos se tragaba durante la tarde,
la cabeza se le iba haciendo aún más grande.

Los domingos por la mañana, mientras papá cocina,
Ana y Juan salen con mamá a jugar al parque.
Pero Juan tiene una gran pila de deberes,
le esperan montones y montones de cuadernos de colores.
Mamá y Ana se han ido, pero antes de irse,
Ana se ha BURLADO.

Eso a Juan no le ha gustado.
A Juan le habría encantado
que mamá le ayudase con los deberes
y que Ana se hubiera DISCULPADO,
pero como Juan no lo ha expresado,
esos sentimientos se ha tragado
y manejar su cabeza ya empieza a ser
algo muy complicado.

El lunes por la mañana,
cuando estaban a punto de entrar al colegio,
le pesaba tanto la cabeza que se ha tropezado.
Se ha hecho una herida en la pierna,
pero no se ha quejado, se ha levantado
y ha seguido caminando.

Ha pensado en que su mamá le podría haber puesto
una tirita de las que tiene en el bolso, pero solo lo ha pensado
y ese pensamiento se lo ha tragado y su cabeza...

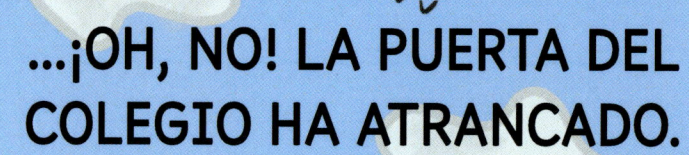

El timbre acaba de sonar,
pero los niños no pueden entrar.
La profesora Pilar tira de los brazos de Juan,
por otro lado, mamá, Ana y todos los demás
intentan empujar.

¡Es inútil, por la fuerza no lo conseguirán!

Como por fin, el atasco mental de Juan es evidente,
todos comienzan a preguntar:

Todos quedaron en silencio.

Y de repente, Juan, que ya no podía pensar más, se puso a gritar:

¡BASTA YAAAAAA!

PORQUE NO ME GUSTA NADA LA MANZANA.

PORQUE NO SOPORTO LAS PELIS DE MIEDO.

Y a medida que Juan iba liberando sus pensamientos,
sus sentimientos pudo expresar
y su cabeza volvía a la normalidad.

A partir de entonces,
Juan comenzó a expresarse.

A su vez, el resto comenzó a preguntarle,
a pedir su opinión
y a tener en cuenta lo que piensa Juan.

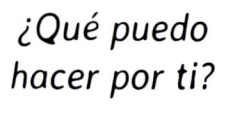

Juan se expresaba y el resto por él zse interesó. Al lunes siguiente, la cabeza de Juan no pesaba. Por tanto, aquel día no se tropezó, la puerta tampoco atrancó

y empezó una nueva semana, en la que importó toda opinión.

Para mis pequeños, **Luis** y **Carolina**, a través de guiaros a vosotros, curo las heridas de la niña que fui.

A mi hermano **Liam**, por su magnífica labor como ilustrador; sin ti, esto no habría sido posible.

A mi **madre**, quien se emocionaba al leer las historias que me inventaba de pequeña y siempre me pregunta: "¿Por qué no te dedicas a esto?".

Gracias a **Juana** y a mis compañeros de "**Géneros en el relato**", quienes fueron los primeros en validar y animarme a publicar este cuento en una época muy complicada para mí.

Por supuesto, gracias a **Apuleyo** por confiar en este proyecto desde el principio y por brindarle apoyo y comprensión.

Y, por último, a mi **Javi**, para siempre, que tengo tantas cosas que agradecerte que tendría que escribir un libro entero. *Te quiero.*

© Noelia Más Mateos (de la obra)
©Apuleyo Ediciones (de esta edición)
Primera edición en Apuleyo Ediciones: agosto 2024
Diseño de cubierta: Sofía Corzo González
Corrección: Aitor Andreu Guerrero
Maquetación: Domingo Carrasco Martín
Ilustraciones: Liam Más Mateos
Coordinación editorial: Isidoro Cidre González
info@apuleyoediciones.com
www.apuleyoediciones.com
ISBN: 978-84-1060-154-3
Depósito legal: H 108-2024

Hecho e impreso en España.

Noelia Más Mateos

APULEYO EDICIONES   FOMENTO DE VALORES   CUENTOS ILUSTRADOS